I0547281

Todos los libros de Linkgua Ediciones cuentan con modelos de Inteligencia Artificial entrenados por hispanistas. Pregúntale al chat de tu libro lo que desees acerca de la obra o su autor/a.

Para **ebooks**: Accede a nuestro modelo de IA a través de este enlace.

Para **libros impresos**: Escanea el código QR de la portada con tu dispositivo móvil.

Obtén análisis detallados de nuestros libros, resúmenes, respuestas a tus preguntas y accede a nuestras ediciones críticas generativas para una experiencia de lectura más enriquecedora.
La transparencia y el respeto hacia la autoría de las fuentes utilizadas son distintivos básicos de nuestro proyecto. Por ello, las respuestas ofrecen, mediante un sistema de citas, las fuentes con las que han sido elaboradas.

Rubén Darío

Prosas profanas

Barcelona 2024
Linkgua-ediciones.com

Créditos

Título original: Prosas profanas.

e-mail: info@Linkgua-ediciones.com

Diseño de cubierta: Michel Mallard.

ISBN tapa dura: 978-84-1126-221-7.
ISBN rústica: 978-84-9816-858-7.
ISBN ebook: 978-84-9953-773-3.

Sumario

La vida

García Sarmiento, Felix Rubén (Rubén Darío) (San Pedro de Metapa, 1867-1916), Nicaragua.

Era hijo de Manuel García y Rosa Sarmiento, nació el 18 de enero de 1867. En 1881 escribió artículos para el periódico político La Verdad y poco después se fue a El Salvador y dio clases de gramática.

Regresó a Nicaragua en 1883 y hacia 1890 se casó en El Salvador con Rafaela Contreras, con la que tuvo un hijo, Rubén Darío Contreras. Ésta murió en 1893 y ese mismo año se casó con Rosario Murillo.

En 1892 Darío viajó a España, en nombre del gobierno de Nicaragua, para la celebración del 400 aniversario de la conquista de América. Un año más tarde, en 1893, empezó su carrera como diplomático en América y Europa y conoció en Madrid a Francisca Sánchez, quien fue por mucho tiempo su inspiración.

Durante años recorrió Europa enviado por el periódico *La Nación*. Volvió a Nicaragua en 1907 y fue recibido con honores y nombrado ministro residente en España. Vivió otra vez en Europa hasta 1915, año en que regresó a América invitado por el presidente de Guatemala.

Murió el 6 febrero de 1916 en Nicaragua.

Prosas profanas

Tras el período chileno (1886-1889) con *Azul...*, vine el centroamericano (1889-1993). Darío escribe entonces los poemas que serán incluidos en una obra de gran importancia para el modernismo: *Prosas profanas*. Sobre este libro Rubén Darío escribió en su *Autobiografía*:

> *Prosas profanas*, cuya sencillez y poca complicación se pueden apreciar hoy, causaron al aparecer, primero en periódicos y después en libro, gran escándalo entre los seguidores de la tradición y del dogma académico; y no escasearon los ataques y las censuras y mucho, menos las bravas defensas de impertérritos y decididos soldados de nuestra naciente reforma. Muchos de los contrarios se sorprendieron hasta del título del libro, olvidando las prosas latinas de la Iglesia, seguidas por Mallarmé en la dedicada al *Des Esseint* de Huysmans; y sobre todo, las que hizo en *roman paladino*, uno de los primitivos de la castellana lírica. José Enrique Rodó explicó y Remy de Gourmont me había manifestado ya respecto a dicho título, en una carta: *C'est une trouvaille*. De todas esas poesías ha hecho el autor de *Motivos de Proteo* una encantadora exégesis.

A Carlos Vega Belgrano, afectuosamente,
este libro dedica
R. D.

Palabras liminares

Después de *Azul...* después de *Los raros*, voces insinuantes, buena y mala intención, entusiasmo sonoro y envidia subterránea —todo bella cosecha— solicitaron lo que, en conciencia, no he creído fructuoso ni oportuno: un manifiesto.

Ni fructuoso ni oportuno:

a) Por la absoluta falta de elevación mental de la mayoría pensante de nuestro continente, en la cual impera el universal personaje clasificado por Remy de Gourmont con el nombre de *Celui-qui-ne-comprend-pas*. *Celui-qui-ne-comprend-pas* es entre nosotros profesor, académico correspondiente de la Real Academia Española, periodista, abogado, poeta *rastaquouer*.

b) Porque la obra colectiva de los nuevos de América es aún vana, estando muchos de los mejores talentos en el limbo de un completo desconocimiento del mismo Arte a que se consagran.

c) Porque proclamando, como proclamo, una estética acrática, la imposición de un modelo o de un código, implicaría una contradicción.

Yo no tengo literatura «mía» —como lo ha manifestado una magistral autoridad—, para marcar el rumbo de los demás: mi literatura es mía en mí; quien siga servilmente mis huellas perderá su tesoro personal y, paje o esclavo, no podrá ocultar sello o librea. Wagner a Augusta Holmes, su discípula, le dijo un día: «lo primero, no imitar a nadie, y sobre todo, a mí». Gran decir.

...

Yo he dicho, en la misa rosa de mi juventud, mis antífonas, mis secuencias, mis profanas prosas. Tiempo y menos fatigas de alma y corazón me han hecho falta, para, como un buen monje artífice, hacer mis mayúsculas dignas de cada página del breviario. (A través de los fuegos divinos de las vidrieras historiadas, me río del viento que sopla afuera, del mal que pasa.) Tocad, campanas de oro, campanas de plata, tocad todos los días llamándome a la fiesta en que brillan los ojos de fuego, y las rosas de las bocas sangran delicias únicas. Mi órgano es un viejo clavicordio pompadour, al son del cual danzaron sus gavotas alegres abuelos; y el perfume de tu pecho es mi perfume, eterno incensario de carne, Varona inmortal, flor de mi costilla.

Hombre soy.

...

¿Hay en mi sangre alguna gota de sangre de África, o de indio chorotega o nagrandano? Pudiera ser, a despecho de mis manos de marqués: mas he aquí que veréis en mis versos princesas, reyes, cosas imperiales, visiones de países lejanos o imposibles: ¡qué queréis!, yo detesto la vida y el tiempo en que me tocó nacer; y a un presidente de República no podré saludarle en el idioma en que te cantaría a ti, ¡oh Halagabal! de cuya corte —oro, seda, mármol— me acuerdo en sueños...

(Si hay poesía en nuestra América ella está en las cosas viejas, en Palenke y Utatlán, en el indio legendario, y el inca sensual y fino, y en el gran Moctezuma de la silla de oro. Lo demás es tuyo, demócrata Walt Whitman.)

Buenos Aires: Cosmópolis.

¡Y mañana!

...

El abuelo español de barba blanca me señala una serie de retratos ilustres: «Este, me dice, es el gran don Miguel de Cervantes Saavedra, genio y manco; este es Lope de Vega, este Garcilaso, este Quintana». Yo le pregunto por el noble Gracián, por Teresa la Santa, por el bravo Góngora y el más fuerte de todos, don Francisco de Quevedo y Villegas. Después exclamo: ¡Shakespeare! ¡Dante! ¡Hugo!... (Y en mi interior: ¡Verlaine...!)

Luego, al despedirme: «Abuelo, preciso es decíroslo: mi esposa es de mi tierra; mi querida, de París».

...

¿Y la cuestión métrica? ¿Y el ritmo?

Como cada palabra tiene una alma, hay en cada verso, además de la armonía verbal, una melodía ideal. La música es solo de la idea, muchas veces.

...

La gritería de trescientas ocas no te impedirá, silvano, tocar tu encantadora flauta, con tal de que tu amigo el ruiseñor esté contento de tu melodía. Cuando él no esté para escucharte, cierra los ojos y toca para los habitantes de tu reino interior. ¡Oh pueblo de desnudas ninfas, de rosadas reinas, de amorosas diosas!

Cae a tus pies una rosa, otra rosa, otra rosa. ¡Y besos!

...

Y, la primera ley, creador: crear. Bufe el eunuco; cuando una musa te dé un hijo, queden las otras ocho encinta.

R. D.

Prosas profanas

Era un aire suave...

Era un aire suave, de pausados giros;
el hada Harmonía ritmaba sus vuelos;
e iban frases vagas y tenues suspiros
entre los sollozos de los violoncelos.

Sobre la terraza, junto a los ramajes,   5
diríase un trémolo de liras eolias
cuando acariciaban los sedosos trajes
sobre el tallo erguidas las blancas magnolias.

La marquesa Eulalia risas y desvíos
daba a un tiempo mismo para dos rivales,   10
el vizconde rubio de los desafíos
y el abate joven de los madrigales.

Cerca, coronado con hojas de viña,
reía en su máscara Término barbudo,
y, como un efebo que fuese una niña,   15
mostraba una Diana su mármol desnudo.

Y bajo un boscaje del amor palestra,
sobre rico zócalo al modo de Jonia,
con un candelabro prendido en la diestra
volaba el Mercurio de Juan de Bolonia.   20

La orquesta perlaba sus mágicas notas,
un coro de sones alados se oía;
galantes pavanas, fugaces gavotas
cantaban los dulces violines de Hungría.

Al oír las quejas de sus caballeros   25
ríe, ríe, ríe la divina Eulalia,
pues son su tesoro las flechas de Eros,
el cinto de Cipria, la rueca de Onfalia.

¡Ay de quien sus mieles y frases recoja!
¡Ay de quien del canto de su amor se fíe!   30
Con sus ojos lindos y su boca roja,
la divina Eulalia ríe, ríe, ríe.

Tiene azules ojos, es maligna y bella;
cuando mira vierte viva luz extraña:
se asoma a sus húmedas pupilas de estrella   35
el alma del rubio cristal de Champaña.

Es noche de fiesta, y el baile de trajes
ostenta su gloria de triunfos mundanos.
La divina Eulalia, vestida de encajes,
una flor destroza con sus tersas manos.   40

El teclado armónico de su risa fina
a la alegre música de un pájaro iguala,
con los staccati de una bailarina
y las locas fugas de una colegiala.

¡Amoroso pájaro que trinos exhala   45
bajo el ala a veces ocultando el pico;
que desdenes rudos lanza bajo el ala,
bajo el ala aleve del leve abanico!

Cuando a medianoche sus notas arranque
y en arpegios áureos gima Filomela,   50

y el ebúrneo cisne, sobre el quieto estanque
como blanca góndola imprima su estela,

la marquesa alegre llegará al boscaje,
boscaje que cubre la amable glorieta,
donde han de estrecharla los brazos de un paje, 55
que siendo su paje será su poeta.

Al compás de un canto de artista de Italia
que en la brisa errante la orquesta deslíe,
junto a los rivales la divina Eulalia
la divina Eulalia, ríe, ríe, ríe. 60

¿Fue acaso en el tiempo del rey Luis de Francia,
Sol con corte de astros, en campos de azur?
¿Cuando los alcázares llenó de fragancia
la regia y pomposa rosa Pompadour?

¿Fue cuando la bella su falda cogía 65
con dedos de ninfa, bailando el minué,
y de los compases el ritmo seguía
sobre el tacón rojo, lindo y leve el pie?

¿O cuando pastoras de floridos valles
ornaban con cintas sus albos corderos, 70
y oían, divinas Tirsis de Versalles,
las declaraciones de sus caballeros?

¿Fue en ese buen tiempo de duques pastores,
de amantes princesas y tiernos galanes,
cuando entre sonrisas y perlas y flores 75
iban las casacas de los chambelanes?

¿Fue acaso en el Norte o en el Mediodía?
Yo el tiempo y el día y el país ignoro,
pero sé que Eulalia ríe todavía,
¡y es cruel y eterna su risa de oro!   80

(1893)

Divagación

¿Vienes? Me llega aquí, pues que suspiras,
un soplo de las mágicas fragancias
que hicieran los delirios de las liras
en las Grecias, las Romas y las Francias.

¡Suspira así! Revuelan las abejas;   5
al olor de la olímpica ambrosía,
en los perfumes que en el aire dejas;
y el dios de piedra se despierte y ría,

y el dios de piedra se despierte y cante
la gloria de los tirsos florecientes   10
en el gesto ritual de la bacante
de rojos labios y nevados dientes;

en el gesto ritual que en las hermosas
ninfalias guía a la divina hoguera,
hoguera que hace llamear las rosas   15
en las manchadas pieles de pantera.

Y pues amas reír, ríe, y la brisa
lleve el son de los líricos cristales
de tu reír, y haga temblar la risa
la barba de los Términos joviales.   20

Mira hacia el lado del bosque, mira
blanquear el muslo de marfil de Diana,
y después de la Virgen, la Hetaira
diosa, su blanca, rosa, y rubia hermana

pasa en busca de Adonis; sus aromas 25
deleitan a las rosas y los nardos;
síguela una pareja de palomas
y hay tras ella una fuga de leopardos.

¿Te gusta amar en griego? Yo las fiestas
galantes busco, en donde se recuerde 30
al suave son de rítmicas orquestas
la tierra de luz y el mirto verde.

(Los abates refieren aventuras
a las rubias marquesas. Soñolientos
filósofos defienden las ternuras 35
del amor, con sutiles argumentos,

mientras que surge de la verde grama,
en la mano el acanto de Corinto,
una ninfa a quien puso un epigrama
Beaumarchais, sobre el mármol de su plinto. 40

Amo más que la Grecia de los griegos
la Grecia de la Francia, porque Francia
al eco de las Risas y los Juegos,
su más dulce licor Venus escancia.

Demuestran más encantos y perfidias 45
coronadas de flores y desnudas,
las diosas de Clodión que las de Fidias.
Unas cantan francés, otras son mudas.

Verlaine es más que Sócrates; y Arsenio
Houssaye supera al viejo Anacreonte. 50

En París reinan el Amor y el Genio:
ha perdido su imperio el dios bifronte.

Monsieur Prudhomme y Hommais no saben nada.
Hay Chipres, Pafos, Tempes y Amatuntes,
donde al amor de mi madrina, un hada,   55
tus frescos labios a los míos juntes.

Sones de bandolín. El rojo vino
conduce un paje rojo. ¿Amas los sones
del bandolín, y un amor florentino?
Será la reina en los decamerones.   60

(Un coro de poetas y pintores
cuenta historias picantes. Con maligna
sonrisa alegre aprueban los señores.
Clelia enrojece. Una dueña se signa.)

¿O un amor alemán? —que no han sentido   65
jamás los alemanes—: la celeste
Gretchen; claro de Luna; el aria; el nido
del ruiseñor; y en una roca agreste,

la luz de nieve que del cielo llega
y baña a una hermosura que suspira   70
la queja vaga que a la noche entrega
Loreley en la lengua de la lira.

Y sobre el agua azul el caballero
Lohengrín; y su cisne, cual si fuese
un cincelado témpano viajero,   75
con su cuello enarcado en forma de S.

Y del divino Enrique Heine un canto,
a la orilla del Rhin; y del divino
Wolfgang la larga cabellera, el manto,
y de la uva teutona el blanco vino.   80

O amor lleno de Sol, amor de España,
amor lleno de púrpura y oros;
amor que da el clavel, la flor extraña
regada con la sangre de los toros;

flor gitana, flor que amor recela,   85
amor de sangre y luz, pasiones locas;
flor que trasciende a clavo y canela,
roja cual las heridas y las bocas.

¿Los amores exóticos acaso...?
Como rosa de Oriente me fascinas: 90
me deleitan la seda, el oro, el raso.
Gautier adoraba a las princesas Chinas.

¡Oh bello amor de mil genuflexiones;
torres de kaolín, pies imposibles,
tazas de té, tortugas y dragones,   95
y verdes arrozales apacibles!

Ámame en Chino, en el sonoro chino
de Li-Tai-Pe. Yo igualaré a los sabios
poetas que interpretan el destino;
madrigalizaré junto a tus labios.   100

Diré que eres más bella que la Luna;

que el tesoro del cielo es menos rico
que el tesoro que vela la importuna
caricia de marfil de tu abanico.

Ámame, japonesa, japonesa   105
antigua, que no sepa de naciones
occidentales: tal una princesa
con las pupilas llenas de visiones,

que aún ignorase en la sagrada Kioto,
en su labrado camarín de plata   110
ornado al par de crisantemo y loto,
la civilización de Yamagata.

O con amor hindú que alza sus llamas
en la visión suprema de los mitos,
y hace temblar en misteriosas bramas   115
la iniciación de los sagrados ritos,

en tanto mueven tigres y panteras
sus hierros, y en los fuertes elefantes
sueñan con ideales bayaderas
los rajahs constelados de brillantes.   120

O negra, negra como la que canta
en su Jerusalén el rey hermoso,
negra que haga brotar bajo su planta
la rosa y la cicuta del reposo...

Amor, en fin, que todo diga y cante,   125
amor que encante y deje sorprendida
a la serpiente de ojos de diamante

que está enroscada al árbol de la vida.

Ámame así, fatal, cosmopolita,
universal, inmensa, única, sola   130
y todas; misteriosa y erudita:
ámame mar y nube, espuma y ola.

Sé mi reina de Saba, mi tesoro;
descansa en mis palacios solitarios.
Duerme. Yo encenderé los incensarios.   135
Y junto a mi unicornio cuerno de oro,
tendrán rosas y miel tus dromedarios.

(Tigre Hotel, diciembre 1894)

Sonatina

La princesa está triste... ¿qué tendrá la princesa?
Los suspiros se escapan de su boca de fresa,
que ha perdido la risa, que ha perdido el color.
La princesa está pálida en su silla de oro,
está mudo el teclado de su clave sonoro;   5
y en un vaso olvidada se desmaya una flor.

El jardín puebla el triunfo de los pavos reales.
Parlanchina, la dueña dice cosas banales,
y, vestido de rojo, piruetea el bufón.
La princesa no ríe, la princesa no siente;   10
la princesa persigue por el cielo de Oriente
la libélula vaga de una vaga ilusión.

¿Piensa acaso en el príncipe de Golconda o de China,
o en el que ha detenido su carroza argentina
para ver de sus ojos la dulzura de luz?   15
¿O en el rey de las Islas de las Rosas fragantes,
en el que es soberano de los claros diamantes,
o en el dueño orgulloso de las perlas de Ormuz?

¡Ay! La pobre princesa de la boca de rosa,
quiere ser golondrina, quiere ser mariposa,   20
tener alas ligeras, bajo el cielo volar,
ir al Sol por la escala luminosa de un rayo,
saludar a los lirios con los versos de Mayo,
o perderse en el viento sobre el trueno del mar.

Ya no quiere el palacio, ni la rueca de plata,   25
ni el halcón encantado, ni el bufón escarlata,

ni los cisnes unánimes en el lago de azur.
Y están tristes las flores por la flor de la corte,
los jazmines de Oriente, los nelumbos del Norte,
de Occidente las dalias y las rosas del Sur.   30

¡Pobrecita princesa de los ojos azules!
Está presa en sus oros, está presa en sus tules,
en la jaula de mármol del palacio real;
el palacio soberbio que vigilan los guardas,
que custodian cien negros con sus cien alabardas,   35
un lebrel que no duerme y un dragón colosal.

¡Oh quién fuera hipsipila que dejó la crisálida!
(La princesa está triste. La princesa está pálida)
¡Oh visión adorada de oro, rosa y marfil!
¡Quién volara a la tierra donde un príncipe existe   40
(La princesa está pálida. La princesa está triste)
más brillante que el alba, más hermoso que Abril!

¡Calla, calla, princesa —dice el hada madrina—,
en caballo con alas, hacia acá se encamina,
en el cinto la espada y en la mano el azor,   45
el feliz caballero que te adora sin verte,
y que llega de lejos, vencedor de la Muerte,
a encenderte los labios con su beso de amor!

Blasón

Para la condesa de Peralta

El olímpico cisne de nieve
con el ágata rosa del pico
lustra el ala eucarística y breve
que abre al Sol como un casto abanico.

En la forma de un brazo de lira   5
y del asa de un ánfora griega
en su cándido cuello que inspira
como proa ideal que navega.

Es el cisne, de estirpe sagrada,
cuyo beso, por campos de seda,   10
ascendió hasta la cima rosada
de las dulces colinas de Leda.

Blanco rey de la fuente Castalia,
su victoria ilumina el Danubio;
Vinci fue su barón en Italia;   15
Lohengrín es su príncipe rubio.

Su blancura es hermana del lino,
del botón de los blancos rosales
y del albo toisón diamantino
de los tiernos corderos pascuales.   20

Rimador de ideal florilegio,
es de armiño su lírico manto,
y es el mágico pájaro regio
que al morir rima el alma en su canto.

El alado aristócrata muestra 25
lises albos en campo de azur,
y ha sentido en sus plumas la diestra
de la amable y gentil Pompadour.

Boga y boga en el lago sonoro
donde el sueño a los tristes espera, 30
donde aguarda una góndola de oro
a la novia de Luis de Baviera.

Dad, Condesa, a los cisnes cariño,
dioses son de un país halagüeño
y hechos son de perfume, de armiño, 35
de luz alba, de seda y de sueño.

Del campo

¡Pradera, feliz día! Del regio Buenos Aires
quedaron allá lejos el fuego y el hervor;
hoy en tu verde triunfo tendrán mis sueños vida,
respiraré tu aliento, me bañaré en tu Sol.

Muy buenos días, huerto. Saludo la frescura   5
que brota de las ramas de tu durazno en flor;
formada de rosales tu calle de Florida
mira pasar la Gloria, la Banca y el Sport.

Un pájaro poeta, rumia en su buche versos;
chismoso y petulante, charlando va un gorrión;   10
las plantas trepadoras conversan de política;
las rosas y los lirios, del arte y del amor.

Rigiendo su cuadriga de mágicas libélulas,
de sueños millonario, pasa el travieso Puck;
y, espléndida Sportwoman, en su celeste carro,   15
la emperatriz Titania seguida de Oberón.

De noche, cuando muestra su medio anillo de oro,
bajo el azul tranquilo, la amada de Pierrot,
es una fiesta pálida la que en el huerto reina,
toca en la lira el aire su do-re-mi-fa-Sol.   20

Curiosas las violetas a su balcón se asoman.
Y una suspira: «¡lástima que falte el ruiseñor!»
Los silfos acompasan la danza de las brisas
en un walpurgis vago de aroma y de visión.

De pronto se oye el eco del grito de la pampa,   25
brilla como una puesta del argentino Sol;
y un espectral jinete, como una sombra cruza,
sobre su espalda un poncho; sobre su faz, dolor.

—«¿Quién eres, solitario viajero de la noche?»
—«Yo soy la Poesía que un tiempo aquí reinó: 30
¡Yo soy el postrer gaucho que parte para siempre,
de nuestra vieja patria llevando el corazón!»

Alaba los ojos negros de Julia

¿Eva era rubia? No. Con negros ojos
vio la manzana del jardín: con labios
rojos probó su miel; con labios rojos
que saben hoy más ciencia que los sabios.

Venus tuvo el azur en sus pupilas   5
pero su hijo no. Negros y fieros
encienden a las tórtolas tranquilas
los dos ojos de Eros.

Los ojos de las reinas fabulosas,
de las reinas magníficas y fuertes,   10
tenían las pupilas tenebrosas
que daban los amores y las muertes.

Pentesilea, reina de amazonas,
Judith, espada y fuerza de Betulia,
Cleopatra, encantadora de coronas,   15
la luz tuvieron de tus ojos, Julia.

Luz negra, que es más luz que la luz blanca
del Sol, y las azules de los cielos.
Luz que el más rojo resplandor arranca
al diamante terrible de los celos.   20

Luz negra, luz divina, luz que alegra
la luz meridional, luz de las niñas
de las grandes ojeras, ¡oh luz negra
que hace cantar a Pan bajo las viñas!

Canción de Carnaval

Le carnaval s'amuse!
Viens le chanter, ma Muse...
Banville

Musa, la máscara apresta,
ensaya un aire jovial
y goza y ríe en la fiesta   5
del Carnaval.

Ríe en la danza que gira,
muestra la pierna rosada,
y suene, como una lira,
tu carcajada.   10

Para volar más ligera
ponte dos hojas de rosa
como hace tu compañera
la mariposa.

Y que en tu boca risueña   15
que se une al alegre coro
deje la abeja porteña
su miel de oro.

Únete a la mascarada,
y mientras muequea un clown   20
con la faz pintarrajeada
como Frank Brown;

mientras Arlequín revela

que al prisma sus tintes roba
y aparece Pulchinela   25
con su joroba,

di a Colombina la bella
lo que de ella pienso yo,
y descorcha una botella
para Pierrot.   30

Que él te cuente cómo rima
sus amores con la Luna
y te haga un poema en una
pantomima.

Da al aire la serenata,   35
toca el áureo bandolín,
lleva un látigo de plata
para el spleen.

Sé lírica y sé bizarra;
con la cítara sé griega;   40
o gaucha, con la guitarra
de Santos Vega.

Mueve tu espléndido torso
por las calles pintorescas
y juega y adorna el corso   45
con rosas frescas.

De perlas riega un tesoro
de Andrade en el regio nido
y en la hopalanda de Guido

polvo de oro.   50

Penas y duelos olvida,
canta deleites y amores;
busca la flor de las flores
por Florida:

con la armonía le encantas   55
de las rimas de cristal,
y deshojas a sus plantas,
un madrigal.

Piruetea, baila, inspira
versos locos y joviales;   60
celebre la alegre lira
los carnavales.

Sus gritos y sus canciones,
sus comparsas y sus trajes,
sus perlas, tintes y encajes   65
y pompones.

¡Y lleve la rauda brisa,
sonora, argentina, fresca,
la victoria de tu risa
funambulesca!   70

Para una cubana

Poesía dulce y mística,
busca a la blanca cubana
que se asomó a la ventana
como una visión artística.

Misteriosa y cabalística,   5
puede dar celos a Diana,
con su faz de porcelana
de una blancura eucarística.

Llena de un prestigio asiático,
roja, en el rostro enigmático,   10
su boca púrpura finge

y al sonreírse vi en ella
el resplandor de una estrella
que fuese alma de una esfinge.

Para la misma

Miré al sentarme a la mesa,
bañado en la luz del día
el retrato de María,
la cubana-japonesa.

El aire acaricia y besa   5
como un amante lo haría,
la orgullosa bizarría
de la cabellera espesa.

Diera un tesoro el Mikado
por sentirse acariciado   10
por princesa tan gentil,

digna de que un gran pintor
le pinte junto a una flor
en un vaso de marfil.

Bouquet

Un poeta egregio del país de Francia
que con versos áureos alabó el amor,
formó un ramo armónico, lleno de elegancia,
en su Sinfonía en Blanco Mayor.

Yo por ti formara, Blanca deliciosa,   5
el regalo lírico de un blanco bouquet,
con la blanca estrella, con la blanca rosa
que en los bellos parques del azul se ve.

Hoy que tú celebras tus bodas de nieve,
(tus bodas de virgen con el sueño son)   10
todas tus blancuras Primavera llueve
sobre la blancura de tu corazón.

Cirios, cirios blancos, blancos, blancos lirios,
cuello de los cisnes, margaritas en flor,
galas de la espuma, ceras de los cirios   15
y estrellas celestes tienen tu color.

Yo al enviarte versos de mi vida arranco
la flor que te ofrezco, blanco serafín:
¡Mira cómo mancha tu corpiño blanco
la más roja rosa que hay en mi jardín!   20

El faisán

Dijo sus secretos el faisán de oro:
en el gabinete mi blanco tesoro,
de sus claras risas el divino coro.

Las bellas figuras de los gobelinos,
los cristales llenos de aromados vinos,   5
las rosas francesas en los vasos chinos.

(Las rosas francesas, porque fue allá en Francia
donde en el retiro de la dulce estancia
esas frescas rosas dieron su fragancia.)

La cena esperaba. Quitadas las vendas,   10
iban mil amores de flechas tremendas
en aquella noche de Carnestolendas.

La careta negra se quitó la niña,
y tras el preludio de una alegre riña
apuró mi boca vino de su viña.   15

Vino de la viña de la boca loca,
que hace arder el beso, que el mordisco invoca,
¡oh los blancos dientes de la loca boca!

En su boca ardiente yo bebí los vinos,
y, pinzas rosadas, sus dedos divinos,   20
me dieron las fresas y los langostinos.

Yo la vestimenta de Pierrot tenía,
y aunque me alegraba y aunque me reía,

moraba en mi alma la melancolía.

La carnavalesca noche luminosa   25
dio a mi triste espíritu la mujer hermosa,
sus ojos de fuego, sus labios de rosa.

Y en el gabinete del café galante
ella se encontraba con su nuevo amante,
peregrino pálido de un país distante.   30

Llegaban los ecos de vagos cantares;
y se despedían de sus azahares
miles de purezas en los bulevares.

Y cuando el champaña me cantó su canto,
por una ventana vi que un negro manto   35
de nube, de Febo cubría el encanto.

Y dije a la amada de un día: —¿No viste
de pronto ponerse la noche tan triste?
¿Acaso la Reina de luz ya no existe?

Ella me miraba. Y el faisán cubierto de plumas de oro:40
—«¡Pierrot! ¡Ten por cierto
que tu fiel amada, que la Luna ha muerto!»

Garçonnière

A G. Grippa

Cómo era el instante, dígalo la musa
que las dichas trae, que las penas lleva:
la tristeza pasa, velada y confusa;
la alegría, rosas y azahares nieva.

Era en un amable nido de soltero,   5
de risas y versos, de placer sonoro;
era un inspirado cada caballero,
de sueños azules y vino de oro.

Un rubio decía frases sentenciosas
negando y amando las musas eternas: 10
un bruno decía versos como rosas,
de sonantes rimas y palabras tiernas.

Loa tapices rojos, de doradas listas,
cubrían panoplias de pinturas y armas,
que hablaban de bellas pasadas conquistas,   15
amantes coloquios y dulces alarmas.

El verso de fuego de D'Annunzio era
como un son divino que en las saturnales
guiara las manchadas pieles de pantera,
a fiestas soberbias y amores triunfales.   20

E iban con manchadas pieles de pantera,
con tirsos de flores y copas paganas
las almas de aquellos jóvenes que viera
Venus en su templo con palmas hermanas.

Venus, la celeste reina que adivina   25
en las almas vivas alegrías francas
y que les confía, por gracia divina,
sus abejas de oro, sus palomas blancas.

Y aquellos amantes de la eterna Dea,
a la dulce música de la regia rima,   30
oyen el mensaje de la vasta Idea
por el compañero que recita y mima.

Y sobre sus frentes que acaricia el lauro,
Abril pone amable su beso sonoro,
y llevan gozosos, sátiro y centauro,   35
la alegría noble del vino de oro.

El país del Sol

A una artista cubana

Junto al negro palacio del rey de la isla de Hierro —(¡oh, cruel, horrible destierro!)— ¿cómo es que tú, hermana armoniosa, haces cantar al cielo gris, tu pajarera de ruiseñores, tu formidable caja musical? ¿No te entristece recordar la primavera en que oíste a un pájaro divino y tornasol

en el país del Sol?

En el jardín del rey de la isla de Oro —(¡oh, mi ensueño que adoro!)— fuera mejor que tú, armoniosa hermana, amaestrases tus aladas flautas, tus sonoras arpas; ¡tú que naciste donde más lindos nacen el clavel de sangre y la rosa de arrebol,

en el país del Sol!

O en el alcázar de la reina de la isla de Plata (Schubert, solloza la Serenata...) pudieras también, hermana armoniosa, hacer que las místicas aves de tu alma alabasen dulce, dulcemente, el claro de Luna, los vírgenes lirios, la monja paloma y el cisne marqués. ¡La mejor plata se funde en un ardiente crisol,

en el país del Sol!

¡Vuelve, pues, a tu barca, que tiene lista la vela —(resuena, lira, céfiro, vuela)— y parte, armoniosa hermana, a donde un príncipe bello, a la orilla del mar, pide liras, y versos y rosas, y acaricia sus rizos de oro bajo un regio y azul parasol,

en el país del Sol!

(New York, 1893)

Margarita

In memoriam...

¿Recuerdas que querías ser una Margarita
Gautier? Fijo en mi mente tu extraño rostro está,
cuando cenamos juntos, en la primera cita,
en una noche alegre que nunca volverá.

Tus labios escarlatas de púrpura maldita   5
sorbían el champaña del fino baccarat;
tus dedos deshojaban la blanca margarita,
«Sí... no... sí... no...» ¡y sabías que te adoraba ya!

Después, ¡oh flor de Histeria!, llorabas y reías;
tus besos y tus lágrimas tuve en mi boca yo;   10
tus risas, tus fragancias, tus quejas, eran mías.

Y en una tarde triste de los más dulces días,
la Muerte, la celosa, por ver si me querías,
¡como a una margarita de amor, te deshojó!

Mía

Mía: así te llamas.
¿Qué más harmonía?
Mía: luz del día,
Mía: rosas, llamas.

¡Qué aroma derramas   5
en el alma mía
si sé que me amas,
¡oh Mía!, ¡oh Mía!

Tu sexo fundiste
con mi sexo fuerte,   10
fundiendo dos bronces.

Yo triste, tú triste...
¿No has de ser entonces
mía hasta la muerte?

Dice Mía

—Mi pobre alma pálida
era una crisálida.
Luego mariposa
de color de rosa.

Un céfiro inquieto   5
dijo mi secreto...
—¿Has sabido tu secreto un día?

¡Oh Mía!
Tu secreto es una
melodía en un rayo de Luna...   10
—¿Una melodía?

Heraldos

¡Helena!
La anuncia el blancor de un cisne.

¡Makheda!
La anuncia un pavo real.

¡Ifigenia, Electra, Catalina!   5
Anúncialas un caballero con un hacha.

¡Rut, Lía, Enone!
Anúncialas un paje con un lirio.

¡Yolanda!
Anúnciala una paloma.   10

¡Clorinda, Carolina!
Anúncialas un paje con un ramo de viña.

¡Sylvia!
Anúnciala una corza blanca.

¡Aurora, Isabel!   15
Anúncialas de pronto
un resplandor que ciega mis ojos.

¿Ella?
(No la anuncian. No llega aún.)

Ite, missa est

A Reynaldo de Rafael

Yo adoro a una sonámbula con alma de Eloísa
virgen como la nieve y honda como la mar;
su espíritu es la hostia de mi amorosa misa
y alzo al son de una dulce lira crepuscular.

Ojos de evocadora, gesto de profetisa,   5
en ella hay la sagrada frecuencia del altar;
su risa es la sonrisa suave de Monna Lisa,
sus labios son los únicos labios para besar.

Y he de besarla un día con rojo beso ardiente;
apoyada en mi brazo como convaleciente   10
me mirará asombrada con íntimo pavor;

la enamorada esfinge quedará estupefacta,
apagaré la llama de la vestal intacta
¡y la faunesa antigua me rugirá de amor!

Coloquio de los centauros

Coloquio de los centauros

A Paul Groussac

En la isla en que detiene su esquife el argonauta
del inmortal Ensueño, donde la eterna pauta
de las eternas liras se escucha: —Isla de oro
en que el tritón elige su caracol sonoro
y la sirena blanca va a ver el Sol —un día   5
se oye un tropel vibrante de fuerza y de armonía.

Son los centauros. Cubre la llanura. Les siente
la montaña. De lejos, forman son de torrente
que cae; su galope al aire que reposa
despierta, y estremece la hoja del laurel-rosa.   10

Son los centauros. Unos enormes, rudos; otros
alegres y saltones como jóvenes potros;
unos con largas barbas como los padres-ríos,
otros imberbes, ágiles y de piafantes bríos,
y de robustos músculos, brazos y lomos aptos   15
para portar las ninfas rosadas en los raptos.

Van en galope rítmico. Junto a un fresco boscaje,
frente al gran Océano, se paran. El paisaje
recibe de la urna matinal luz sagrada
que el vasto azul suaviza con límpida mirada.   20
Y se oyen seres terrestres y habitantes marinos
la voz de los crinados cuadrúpedos divinos.

Quirón   Calladas las bocinas a los tritones gratas,

calladas las sirenas de labios escarlatas,
los carrillos de Eolo desinflados, digamos   25
junto al laurel ilustre de florecidos ramos
la gloria inmarcesible de las Musas hermosas
y el triunfo del terrible misterio de las cosas.
He aquí que renacen los lauros milenarios;
vuelven a dar su lumbre los viejos lapidarios;   30
y anímase en mi cuerpo de Centauro inmortal
la sangre del celeste caballo paternal.

Reto   Arquero luminoso, desde el zodiaco llegas;
aún presas en las crines tienes abejas griegas;
aún del dardo herakleo muestras la roja herida   35
por do salir no pudo la esencia de tu vida.
¡Padre y Maestro excelso! Eres la fuente sana
de la verdad que busca la triste raza humana:
aún Esculapio sigue la vena de tu ciencia;
siempre el veloz Aquiles sustenta su existencia   40
con el manjar salvaje que le ofreciste un día,
y Herakles, descuidando su maza, en la harmonía
de los astros, se eleva bajo el cielo nocturno...

Quirón   La ciencia es flor del tiempo: mi padre fue Saturno.

Abantes   Himnos a la sagrada Naturaleza; al vientre   45
de la tierra y al germen que entre las rocas y entre
las carnes de los árboles, y dentro humana forma
es un mismo secreto y es una misma norma,
potente y sutilísimo, universal resumen
de la suprema fuerza, de la virtud del Numen.   50

Quirón   ¡Himnos! Las cosas tienen un ser vital: las cosas

tienen raros aspectos, miradas misteriosas;
toda forma es un gesto, una cifra, un enigma;
en cada átomo existe un incógnito estigma;
cada hoja de cada árbol canta un propio cantar   55
y hay un alma en cada una de las gotas del mar;
el vate, el sacerdote, suele oír el acento
desconocido; a veces enuncia el vago viento
un misterio; y revela una inicial la espuma
o la flor; y se escuchan palabras de la bruma.   60
Y el hombre favorito del numen, en la linfa
o la ráfaga, encuentra mentor; —demonio o ninfa.

Folo   El biforme ixionida comprende de la altura,
por la materna gracia, la lumbre que fulgura,
a nube que se anima de luz y que decora   65
el pavimento en donde rige su carro Aurora,
y la banda de Iris que tiene siete rayos
cual la lira en sus brazos siete cuerdas; los mayos
en la fragante tierra llenos de ramos bellos,
y Polo coronado de cándidos cabellos.   70
El ixionida pasa veloz por la montaña
rompiendo con el pecho de la maleza huraña
los erizados brazos, las cárceles hostiles;
escuchan sus orejas los ecos más sutiles:
sus ojos atraviesan las intrincadas hojas   75
mientras sus manos toman para sus bocas rojas
las frescas bayas altas que el sátiro codicia;
junto a la oculta frente su mirada acaricia
las curvas de las ninfas del séquito de Diana;
pues en su cuerpo corre también la esencia humana   80
unida a la corriente de la savia divina
y a la salvaje sangre que hay en la bestia equina.

Tal el hijo robusto de Ixión y de la Nube.

Quirón   Sus cuatro patas, bajan; su testa erguida, sube.

Orneo   Yo comprendo el secreto de la bestia. Malignos   85
               seres hay y benignos. Entre ellos se hacen signos
               de bien y mal, de odio o de amor, o de pena
               o gozo: el cuervo es malo y la torcaz es buena.

Quirón   Ni es la torcaz benigna, ni es el cuervo protervo:
               son formas del Enigma la paloma y el cuervo.   90

Astilo   El Enigma es el soplo que hace cantar la lira.

Neso   ¡El Enigma es el rostro fatal de Deyanira!
               Mi espalda aún guarda el dulce perfume de la Bella;
               aún mis pupilas llama su claridad de estrella.
               ¡Oh aroma de su sexo! ¡Oh rosas y alabastros!   95
               ¡Oh envidias de las flores y celos de los astros!

Quirón   Cuando del sacro abuelo la sangre luminosa
               con la marina espuma formara nieve y rosa,
               hecha de rosa y nieve nació la Anadiomena
               Al cielo alzó los brazos la lírica sirena,   100
               los curvos hipocampos sobre las verdes ondas
               levaron los hocicos; y caderas redondas,
               tritónicas melenas y dorsos de delfines
               junto a la Reina nueva se vieron. Los confines
               del mar llenó el grandioso clamor; el universo   105
               sintió que un nombre armónico, sonoro como un verso
               llenaba el hondo hueco de la altura; ese nombre
               hizo gemir la tierra de amor: fue para el hombre

más alto que el de Jove: y los númenes mismos
lo oyeron asombrados; los lóbregos abismos   110
tuvieron una gracia de luz. ¡VENUS impera!
Ella es entre las reinas celestes la primera,
pues es quien tiene el fuerte poder de la Hermosura.
¡Vaso de miel y mirra brotó de la amargura!
Ella es la más gallarda de las emperatrices;   115
princesa de los gérmenes, reina de las matrices,
señora de las savias y de las atracciones,
señora de los besos y de los corazones.

Eurito   ¡No olvidaré los ojos radiantes de Hipodamia!

Hipea   Yo sé de la hembra humana la original infamia.   120
Venus anima artera sus máquinas fatales,
tras sus radiantes ojos ríen traidores males,
de su floral perfume se exhala sutil daño;
su cráneo oscuro alberga bestialidad y engaño.
Tiene las formas puras del ánfora, y la risa   125
del agua que la brisa riza y el Sol irisa;
mas la ponzoña ingénita su máscara pregona:
mejores son el águila, la yegua y la leona.
De su húmeda impureza brota el calor que enerva
los mismos sacros dones de la imperial Minerva;   130
y entre sus duros pechos, lirios del Aqueronte,
hay un olor que llena la barca de Caronte.

Odites   Como una miel celeste hay en su lengua fina;
su piel de flor aún húmeda está de agua marina.
Yo he visto de Hipodamia la faz encantadora,   135
la cabellera espesa, la pierna vencedora.
Ella de la hembra humana fuera ejemplar augusto;

ante su rostro olímpico no habría rostro adusto;
las Gracias junto a ella quedarían confusas,
y las ligeras Horas y las sublimes Musas   140
por ella detuvieran sus giros y su canto.

Hipea   Ella la causa fuera de inenarrable espanto:
por ella el ixionida dobló su cuello fuerte.
La hembra humana es hermana del Dolor y la Muerte.

Quirón   Por suma ley un día llegará el himeneo   145
que el soñador aguarda: Cinis será Ceneo;
claro será el origen del femenino arcano:
la Esfinge tal secreto dirá a su soberano.

Clito   Naturaleza tiende sus brazos y sus pechos
a los humanos seres; la clave de los hechos   150
conócela el vidente; Homero con su báculo,
en su gruta Deifobe, la lengua del Oráculo.

Calimantes El monstruo expresa un ansia del corazón del Orbe,
en el Centauro el bruto la vida humana absorbe,
el sátiro es la selva sagrada y la lujuria,   155
une sexuales ímpetus a la armoniosa furia.
Pan junta la soberbia de la montaña agreste
al ritmo de la inmensa mecánica celeste;
la boca melodiosa que atrae en Sirenusa
es de la fiera alada y es de la suave musa;   160
con la bicorne bestia Pasifae se ayunta,
Naturaleza sabia formas diversas junta,
y cuando tiende al hombre la gran Naturaleza,
el monstruo, siendo el símbolo, se viste de belleza.

Grineo	Yo amo lo inanimado que amó el divino Hesiodo. 165
Quirón	Grineo, sobre el mundo tiene un ánima todo.
Grineo	He visto, entonces, raros ojos fijos en mí: los vivos ojos rojos del alma del rubí; los ojos luminosos del alma del topacio y los de la esmeralda que del azul espacio 170 la maravilla imitan; los ojos de las gemas de brillos peregrinos y mágicos emblemas. Amo el granito duro que el arquitecto labra y el mármol en que duermen la línea y la palabra...
Quirón	A Deucalión y a Pirra, varones y mujeres 175 las piedras aún intactas dijeron: «¿Qué nos quieres?»
Lícidas	Yo he visto los lemures flotar, en los nocturnos instantes, cuando escuchan los bosques taciturnos el loco grito de Atis que su dolor revela o la maravillosa canción de Filomela. 180 El galope apresuro, si en el boscaje miro manes que pasan, y oigo su fúnebre suspiro. Pues de la Muerte el hondo, desconocido Imperio, guarda el pavor sagrado de su fatal misterio.
Orneo	La Muerte es de la Vida la inseparable hermana. 185
Quirón	La Muerte es la victoria de la progenie humana.
Medón	¡La Muerte! Yo la he visto. No es demacrada y mustia ni ase corva guadaña, ni tiene faz de angustia. Es semejante a Diana, casta y virgen como ella;

en su rostro hay la gracia de la núbil doncella   190
y lleva una guirnalda de rosas siderales.
En su siniestra tiene verdes palmas triunfales,
y en su diestra una copa con agua del olvido.
A sus pies, como un perro, yace un amor dormido.

Amico   Los mismos dioses buscan la dulce paz que vierte.   195

Quirón   La pena de los dioses es no alcanzar la Muerte.

Eurito   Si el hombre —Prometeo— pudo robar la vida,
la clave de la muerte serale concedida.

Quirón   La virgen de las vírgenes es inviolable y pura.
Nadie su casto cuerpo tendrá en la alcoba oscura,   200
ni beberá en sus labios el grito de victoria,
ni arrancará a su fuente las rosas de su gloria.
Mas he aquí que Apolo se acerca al meridiano.
Sus truenos prolongados repite el Océano;
bajo el dorado cerro del reluciente Apolo   205
vuelve a inflar sus carrillos y sus odres Eolo.
A lo lejos, un templo de mármol se divisa
entre laureles-rosa que hace cantar la brisa.
Con sus vibrantes notas de Céfiro desgarra
la veste transparente la helénica cigarra,   210
y por el llano extenso van en tropel sonoro
los Centauros y al paso, tiembla la Isla de Oro.

Varia

A Luis Berisso

El poeta pregunta por Stella

Lirio divino, lirio de las Anunciaciones;
lirio, florido príncipe,
hermano perfumado de las estrellas castas,
joya de los abriles.

A ti las blancas dianas de los parques ducales,   5
los cuellos de los cisnes,
las místicas estrofas de cánticos celestes
y en el sagrado empíreo la mano de las vírgenes.

Lirio, boca de nieve donde sus dulces labios
la primavera imprime,   10
en tus venas no corre, la sangre de las rosas pecadoras,
sino el licor excelso de las flores insignes.

Lirio real y lírico
que naces con la albura de las hostias sublimes
de las cándidas perlas   15
y del lino sin mácula de las sobrepellices,
¿has visto acaso el vuelo del alma de mi Stella,
la hermana de Ligeia, por quien mi canto
                            a veces es tan triste?

Pórtico

Libre la frente que el casco rehusa,
casi desnuda en la gloria del día,
alza su tirso de rosas la musa
bajo el gran Sol de la eterna Armonía.

Es Floreal, eres tú, Primavera,   5
quien la sandalia calzó a su pie breve;
ella, de tristes nostalgias muriera
en el país de los cisnes de nieve.

Griega es su sangre, su abuelo era ciego;
sobre la cumbre del Pindo sonoro   10
el sagitario del carro de fuego
puso en su lira las cuerdas de oro.

Y bajo el pórtico blanco de Paros,
y en los boscajes de frescos laureles,
Píndaro diole sus ritmos preclaros,   15
diole Anacreonte sus vinos y mieles.

Toda desnuda, en los claros diamantes
que en la Castalia recaman las linfas,
viéronla tropas de faunos saltantes,
cual la más fresca y gentil de las ninfas.   20

Y en la fragante, armoniosa floresta,
puesto a los ecos su oído de musa,
Pan sorprendiola escuchando la orquesta
que él daba al viento con su cornamusa.

Ella resurge después en el Lacio,   25
siendo del tedio su lengua exterminio;
lleva a sus labios la copa de Horacio,
bebe falerno en su ebúrneo triclinio.

Pájaro errante, ideal golondrina,
vuela de Arabia a un confín solitario,   30
y ve pasar en su torre argentina
a un rey de Oriente sobre un dromedario;

rey misterioso, magnífico y mago,
dueño opulento de cien Estambules,
y a quien un genio brindara en un lago   35
góndolas de oro en las aguas azules.

Ese es el rey más hermoso que el día,
que abre a la musa las puertas de Oriente;
ese es el rey del país Fantasía,
que lleva un claro lucero en la frente.   40

Es en Oriente donde ella se inspira
en las moriscas exóticas zambras;
donde primero contempla y admira
las cinceladas divinas alhambras;

las muelles danzas en las alcatifas   45
donde la mora sus velos desata,
los pensativos y viejos califas
de ojos oscuros y barbas de plata.

Es una bella y alegre mañana
cuando su vuelo la musa confía   50

a una errabunda y fugaz caravana
que hace del viento su brújula y guía.

Era la errante familia bohemia,
sabia en extraños conjuros y estigmas,
que une en su boca plegaria y blasfemia,   55
nombres sonoros y raros enigmas;

que ama los largos y negros cabellos,
danzas lascivas y finos puñales,
ojos llameantes de vivos destellos,
flores sangrientas de labios carnales.   60

Y con la gente morena y huraña
que a los caprichos del aire se entrega,
hace su entrada triunfal en España
fresca y riente la rítmica griega.

Mira las cumbres de Sierra Nevada,   65
las bocas rojas de Málaga, lindas,
y en un pandero su mano rosada
fresca recoge, claveles y guindas.

Canta y resuena su verso de oro,
ve de Sevilla las hembras de llama,   70
sueña y habita en la Alambra del moro;
y en sus cabellos perfumes derrama.

Busca del pueblo las penas, las flores,
mantos bordados de alhajas de seda,
y la guitarra que sabe de amores,   75
cálida y triste querida de Rueda;

(urna amorosa de voz femenina,
caja de música de duelo y placer:
tiene el acento de un alma divina,
talle y caderas como una mujer.)   80

Va del tablao flamenco a la orilla
y ase en sus palmas los crótalos negros,
mientras derrocha la audaz seguidilla
bruscos acordes y raudos alegros.

Ritma los pasos, modula los sones,   85
ebria risueña de un vino de luz,
hace que brille los ojos gachones,
negros diamantes del patio andaluz.

Campo y pleno aire refrescan sus alas;
ama los nidos, las cumbres, las cimas;   90
vuelve del campo vestida de galas,
cuelga a su cuello collares de rimas.

En su tesoro de reina de Saba,
guarda en secreto celestes emblemas;
flechas de fuego en su mágica aljaba,   95
perlas, rubíes, zafiros y gemas.

Tiene una corte pomposa de majas,
suya es la chula de rostro risueño,
suyas las juergas, las curvas navajas
ebrias de sangre y licor malagueño.   100

Tiene por templo un alcázar marmóreo,

guárdalo esfinge de rostro egipciaco,
y cual labrada en un bloque hiperbóreo,
Venus enfrente de un triunfo de Baco,

dentro presenta sus formas de nieve,   105
brinda su amable sonrisa de piedra,
mientras se enlaza en un bajorrelieve
a una dríada ceñida de hiedra,

un joven fauno robusto y violento,
dulce terror de las ninfas incautas,   110
al son triunfante que lanzan al viento
tímpanos, liras y sistros y flautas.

Ornan los muros mosaicos y frescos,
áureos pedazos de un Sol fragmentario,
iris trenzados en mil arabescos,   115
joyas de un hábil cincel lapidario.

Y de la eterna Belleza en el ara,
ante su sacra y grandiosa escultura,
hay una lámpara en albo carrara,
de una eucarística y casta blancura.   120

Fuera, el frondoso jardín del poeta
ríe en su fresca y gentil hermosura;
ágata, perla, amatista, violeta,
verdor eclógico y tibia espesura.

Una andaluza despliega su manto   125
para el poeta de música eximia;
rústicos Títiros cantan su canto;

bulle el hervor de la alegre vendimia.

Ya es un tropel de bacantes modernas
el que despierta las locas lujurias;   130
ya húmeda y triste de lágrimas tiernas,
da su gemido la gaita de Asturias.

Francas fanfarrias de cobres sonoros,
labios quemantes de humanas sirenas,
ocres y rojos de plazas de toros,   135
fuegos y chispas de locas verbenas.

Joven homérida, un día su tierra
viole que alzaba soberbio estandarte,
buen capitán de la lírica guerra,
regio cruzado del reino del arte.   140

Viole con yelmo de acero brillante,
rica armadura sonora a su paso,
firme tizona, broncíneo olifante,
listo y piafante su excelso pegaso.

Y de la brega tornar viole un día   145
de su victoria en los bravos tropeles,
bajo el gran Sol de la eterna Harmonía,
dueño de verdes y nobles laureles.

Fue aborrecido de Zoilo, el verdugo.
Fue por la gloria su estrella encendida.   150
Y esto pasó en el reinado de Hugo,
emperador de la barba florida.

Elogio de la seguidilla

Metro mágico y rico que al alma expresas
llameantes alegrías, penas arcanas,
desde en los suaves labios de las princesas
hasta en las bocas rojas de las gitanas.

Las almas armoniosas buscan tu encanto,   5
sonora rosa métrica que ardes y brillas,
y España ve en tu ritmo, siente en tu canto
sus hembras, sus claveles, sus manzanillas.

Vibras al aire alegre como una cinta,
el músico te adula, te ama el poeta;   10
Rueda en ti sus fogosos paisajes pinta
con la audaz policromía de su paleta.

En ti el hábil orfebre cincela el marco
en que la idea-perla su oriente acusa,
o en su cordaje armónico formas el arco   15
con que lanza sus flechas la airada musa.

A tu voz en el baile crujen las faldas,
los piececitos hacen brotar las rosas
e hilan hebras de amores las Esmeraldas
en ruecas invisibles y misteriosas.   20

La andaluza hechicera, paloma arisca,
por ti irradia, se agita, vibra y se quiebra,
con el lánguido gesto de la odalisca
o las fascinaciones de la culebra.

Pequeña ánfora lírica de vino llena   25
compuesto por la dulce musa Alegría
con uvas andaluzas, sal macarena,
flor y canela frescas de Andalucía.

Subes, creces y vistes de pompas fieras;
retumbas en el ruido de las metrallas,   30
ondulas con el ala de las banderas,
sueñas con los clarines de las batallas.

Tienes toda la lira; tienes las manos
que acompasan la danza y las canciones;
tus órganos, tus prosas, tus cantos llanos   35
y tus llantos que parten los corazones.

Ramillete de dulces trinos verbales,
jabalina de Diana la Cazadora,
ritmo que tiene el filo de cien puñales,
que muerde y acaricia, mata y enflora.   40

Las Tirsis campesinas de ti están llenas,
y aman, radiosa abeja, tus bordoneos;
así riegas tus chispas las nochebuenas
como adornas la lira de los Orfeos.

Que bajo el Sol dorado de Manzanilla   45
que esta azulada concha del cielo baña,
polífona y triunfante, la seguidilla
es la flor del sonoro Pindo de España.

(Madrid, 1892)

El cisne

A Ch. del Gouffre

Fue una hora divina para el género humano.
El Cisne antes cantaba solo para morir.
Cuando se oyó el acento del Cisne wagneriano
fue en medio de una aurora, fue para revivir.

Sobre las tempestades del humano océano   5
se oye el canto del Cisne; no se cesa de oír,
dominando el martillo del viejo Thor germano
o las trompas que cantan la espada de Argantir.

¡Oh Cisne! ¡Oh sacro pájaro! Si antes la blanca Helena
del huevo azul de Leda brotó de gracia llena,   10
siendo de la Hermosura la princesa inmortal,

bajo tus alas la nueva Poesía
concibe en una gloria de luz y de harmonía
la Helena eterna y pura que encarna el ideal.

La página blanca

A A. Lamberti

Mis ojos miraban en hora de ensueños
la página blanca.

Y vino el desfile de ensueños y sombras.
¡Y fueron mujeres de rostros de estatua,
mujeres de rostros de estatua de mármol,   5
tan tristes, tan dulces, tan suaves, tan pálidas!

¡Y fueron visones de extraños poemas,
de extraños poemas de besos y lágrimas,
de historias que dejan en crueles instantes
las testas viriles cubiertas de canas!   10

¡Qué cascos de nieve que pone la suerte!
¡Qué arrugas precoces cincela en la cara!
¡Y cómo se quiere que vayan ligeros
los tardos camellos de la caravana!

Los tardos camellos,   15
—como las figuras en un panorama—,
cual si fuesen un desierto de hielo,
atraviesan la página blanca.

Este lleva
una carga   20
de dolores y angustias antiguas,
angustias de pueblos, dolores de razas;
¡dolores y angustias que sufren los Cristos
que vienen al mundo de víctimas trágicas!

Otro lleva   25
en la espalda
el cofre de ensueños, de perlas y oro,
que conduce la Reina de Saba.

Otro lleva
una caja   30
en que va, dolorosa difunta,
como un muerto lirio la pobre Esperanza.

Y camina sobre un dromedario
la Pálida,
la vestida de ropas oscuras,   35
la Reina invencible, la bella inviolada:
la Muerte.

¡Y el hombre,
a quien duras visiones asaltan,
el que encuentra en los astros del cielo   40
prodigios que abruman y signos que espantan,
mira al dromedario
de la caravana
como al mensajero que la luz conduce,
en el vago desierto que forma   45
la página blanca!

Año nuevo

A J. Piquet

A las doce de la noche por las puertas de la gloria
y al fulgor de perla y oro de una luz extraterrestre,
sale en hombros de cuatro ángeles, y en su silla gesta-
toria,
San Silvestre.

Más hermoso que un rey mago, lleva puesta la tiara,   5
de que son bellos diamantes Sirio, Arturo y Orión;
y el anillo de su diestra, hecho cual si fuese para
Salomón.

Sus pies cubren los joyeles de la Osa adamantina,
y su capa raras piedras de una ilustre Visapur;   10
y colgada sobre el pecho resplandece la divina
Cruz del Sur.

Va el pontífice hacia Oriente ¿va a encontrar el áureo
barco
donde al brillo de la aurora viene en triunfo el rey
Enero?
Ya la aljaba de Diciembre se fue toda por el arco   15
del Arquero.

A la orilla del abismo misterioso de lo Eterno
el inmenso Sagitario no se cansa de flechar;
le sustenta el frío Polo, lo corona el blanco Invierno,
y le cubre los riñones el vellón azul del mar.   20
Cada flecha que dispara, cada flecha es una hora;
doce aljibas, cada año, para él trae el rey Enero;

en la sombra se destaca la figura vencedora
del Arquero.

Alredor de la figura del gigante se oye el vuelo   25
misterioso y fugitivo de las almas que se van,
y el ruido con que pasa por la bóveda del cielo
con sus alas membranosas el murciélago Satán.
San Silvestre bajo el palio de un zodiaco de virtudes,
del celeste Vaticano se detiene en los umbrales   30
mientras himnos y motetes canta un coro de laúdes
Inmortales.

Reza el santo y pontifica; y al mirar que viene el barco
donde en triunfo llega Enero,
ante Dios bendice al mundo; y su brazo abarca el arco35
y el Arquero.

Sinfonía en gris mayor

El mar como un vasto cristal azogado
refleja la lámina de un cielo de zinc;
lejanas bandadas de pájaros manchan
el fondo bruñido de pálido gris.

El Sol como un vidrio redondo y opaco   5
con paso de enfermo camina al cenit;
el viento marino descansa en la sombra
teniendo de almohada su negro clarín.

Las ondas que mueven su vientre de plomo
debajo del muelle parecen gemir.   10
Sentado en un cable, fumando su pipa,
está un viejo marinero pensando en las playas
de un vago, lejano, brumoso país.

Es viejo ese lobo. Tostaron su cara
los rayos de fuego del Sol del Brasil;   15
los recios tifones del mar de la China
le han visto bebiendo su frasco de gin.

La espuma impregnada de yodo y salitre
ha tiempo conoce su roja nariz,
sus crespos cabellos, sus bíceps de atleta,   20
su gorra de lona, su blusa de dril.

En medio del humo que forma el tabaco
ve el viejo el lejano, brumoso país,
adonde una tarde caliente y dorada
tendidas las velas partió el bergantín...   25

La siesta del trópico. El lobo se aduerme.
Ya todo lo envuelve la gama del gris.
Parece que un suave y enorme esfumino
del curvo horizonte borrara el confín.

La siesta del trópico. La vieja cigarra   30
ensaya su ronca guitarra senil,
y el grillo preludia un solo monótono
en la única cuerda que está en su violín.

La Dea

A Alberto Ghiraldo

Alberto, en el propíleo del templo soberano
donde Renán rezaba, Verlaine cantado hubiera.
Primavera una rosa de amor tiene en la mano
y cerca de la joven y dulce Primavera.

Término su sonrisa de piedra brinda en vano   5
a la desnuda náyade y a la ninfa hechicera
que viene a la soberbia fiesta de la pradera
y del boscaje, en busca del lírico Sylvano.

Sobre su altar de oro se levanta la Dea,
—tal en su aspecto icónico la virgen bizantina—   10
toda la belleza humana ante su luz es fea;

toda visión humana, a su luz es divina:
y esa es la virtud sacra de la divina Idea
cuya alma es una sombra que todo lo ilumina.

Epitalamio bárbaro

A Lugones

El alba aún no aparece en su gloria de oro.
Canta el mar con la música de sus ninfas en coro
y el aliento del campo se va cuajando en bruma.
Teje la náyade el encaje de su espuma
y el bosque inicia el himno de sus flautas de pluma.   5

Es el momento en que el salvaje caballero
se ve pasar. La tribu aúlla y el ligero
caballo es un relámpago, veloz como una idea.
A su paso, asustada, se para la marea;
la náyade interrumpe la labor que ejecuta   10
y el director del bosque detiene la batuta.

—«¿Qué pasa?», desde el lecho pregunta Venus bella.
Y Apolo:
—«Es Sagitario que ha robado una estrella.»

Verlaine

A Ángel Estrada, poeta

Responso

Padre y maestro mágico, liróforo celeste
que al instrumento olímpico y a la siringa agreste
diste tu acento encantador;
¡Panida! ¡Pan tú mismo, que coros condujiste
hacia el propíleo sacro que amaba tu alma triste,   5
al son del sistro y del tambor!

Que tu sepulcro cubra de flores Primavera,
que se humedezca el áspero hocico de la fiera,
de amor si pasa por allí;
que el fúnebre recinto visite Pan bicorne;   10
que de sangrientas rosas el fresco Abril te adorne
y de claveles de rubí.

Que si posarse quiere sobre la tumba el cuervo,
ahuyenten la negrura del pájaro protervo,
el dulce canto de cristal   15
que Filomela vierta sobre tus tristes huesos,
o la harmonía dulce de risas y de besos,
de culto oculto y florestal.

¡Que púberes canéforas te ofrenden el acanto,
que sobre tu sepulcro no se derrame el llanto,   20
sino rocío, vino, miel:
que el pámpano allí brote, las flores de Citeres,
y que se escuchen vagos suspiros de mujeres
bajo un simbólico laurel!

Que si un pastor su pífano bajo el frescor del haya,   25
en amorosos días, como en Virgilio, ensaya,

tu nombre ponga en la canción;
y que la virgen náyade, cuando ese nombre escuche,
con ansias y temores entre las linfas luche,
llena de miedo y de pasión.   30

De noche, en la montaña, en la negra montaña
de las Visiones, pase gigante sombra extraña,
sombra de un Sátiro espectral;
que ella al centauro adusto con su grandeza asuste;
de una extrahumana flauta de melodía ajuste   35
a la harmonía sideral.

¡Y huya el tropel equino por la montaña vasta;
tu rostro de ultratumba bañe la Luna casta
de compasiva y blanca luz;
¡y el Sátiro contemple sobre un lejano monte,   40
una cruz que se eleve cubriendo el horizonte
y un resplandor sobre la cruz!

Canto de la sangre

A Miguel Escalada

Sangre de Abel. Clarín de las batallas.
Luchas fraternales; estruendos, horrores;
flotan las banderas, hieren las metrallas,
y visten la púrpura los emperadores.

Sangre del Cristo. El órgano sonoro.   5
La viña celeste da el celeste vino;
y en el labio sacro del cáliz de oro
las almas se abrevan del vino divino.

Sangre de los martirios. El salterio.
Hogueras; leones, palmas vencedoras;   10
los heraldos rojos con que del misterio
vienen precedidas las grandes auroras.

Sangre que vierte el cazador. El cuerno.
Furias escarlatas y rojos destinos
forjan en las fraguas del oscuro Infierno   15
las fatales armas de los asesinos.

¡Oh sangre de las vírgenes! La lira.
Encanto de abejas y de mariposas.
La estrella de Venus desde el cielo mira
el purpúreo triunfo de las reinas rosas.   20

Sangre que la Ley vierte.
Tambor a la sordina.
Brotan las adelfas que riega la Muerte
y el rojo cometa que anuncia la ruina.

Sangre de los suicidas. Organillo.   25
Fanfarrias macabras, responsos corales,
con que de Saturno celébrase el brillo
en los manicomios y en los hospitales.

Recreaciones arqueológicas

A Julio L. Jaimes

I. Friso

Cabe una fresca viña de Corinto
que verde techo presta al simulacro
del Dios viril, que artífice de Atenas
en intacto pentélico labrara,
un día alegre, al deslumbrar el mundo   5
la harmonía del carro de la Aurora,
y en tanto que arrullaban sus ternezas
dos nevadas palomas venusinas
sobre el rosal purpúreo y pintoresco,
como olímpica flor de gracia llena,   10
vi el bello rostro de la rubia Eunice.
No más gallarda se encamina al templo
canéfora gentil, ni más riente
llega la musa a quien favor prodiga
el divino Sminteo, que mi amada   15
al tender hacia mí sus tersos brazos.

Era la hora del supremo triunfo
concedido a mis lágrimas y ofrendas
por el poder de la celeste Cipris,
y era el ritmo potente de mi sangre   20
verso de fuego que al propicio numen
cantaba ardiente de la vida el himno.
Cuando mi boca en los bermejos labios
de mi princesa de cabellos de oro
licor bebía que afrentara al néctar,   25
por el sendero de fragantes mirtos
que guía al blanco pórtico del templo,
súbitas voces nuestras ansias turban.

Lírica procesión al viento esparce
los cánticos rituales de Dioniso,   30
el evohé de las triunfales fiestas,
la algazara que enciende con su risa
la impúber tropa de saltantes niños,
y el vivo son de músicas sonoras
que anima el coro de bacantes ebrias.   35
En el concurso báquico el primero,
regando rosas y tejiendo danzas,
garrido infante, de Eros por hermoso
émulo y par, risueño aparecía.
Y de él en pos las ménades ardientes,   40
al aire el busto en que su pompa erigen
pomas ebúrneas; en la mano el sistro,
y las curvas caderas mal veladas
por las flotantes, desceñidas ropas,
alzaban sus cabezas que en consorcio   45
circundaban la flor de Citerea
y el pámpano fragante de las viñas.
Aún me parece que mis ojos tornan
al cuadro lleno de color y fuerza:
dos robustos mancebos que los cabos   50
de cadenas metálicas empuñan,
y cuyo porte y músculos de Ares
divinos dones son, pintada fiera
que felino pezón nutrió en Hircania,
con gesto heroico entre la turba rigen;   55
y otros dos un leopardo cuyo cuello
gracias de Flora ciñen y perfuman
y cuyos ojos en las anchas cuencas
de furia henchidos sanguinosos giran
Pétalos y uvas el sendero alfombran,   60

y desde el campo azul do el Sagitario
de coruscantes flechas resplandece,
las urnas de la luz la tierra bañan.

Pasó el tropel. En la cercana selva
lúgubre resonaba el grito de Atis,   65
triste pavor de la inviolada ninfa.
Deslizaba su paso misterioso
el apacible coro de las Horas.
Eco volvía la acordada queja
de la flauta de Pan. Joven gallardo,   70
más hermoso que Adonis y Narciso,
con el aire gentil de los efebos
y la lira en las manos, al boscaje
como lleno de luz se dirigía.
Amor pasó con su dorada antorcha.   75
Y no lejos del nido en que las aves,
las dos veces Cipris, sus arrullos
cual tiernas rimas a los aires dieran,
fui más feliz que el luminoso cisne
que vio de Leda la inmortal blancura,   80
y Eunice pudo al templo de la diosa
purpúrea ofrenda y tórtolas amables
llevar el día en que mi regio triunfo
vio el Dios viril en mármol cincelado
cabe la fresca viña de Corinto.   85

II. Palimpsesto

Escrita en viejo dialecto eolio

hallé esta página dentro un infolio
y entre los libros de un monasterio
del venerable San Agustín.
Un fraile acaso puso el escolio   5
que allí se encuentra; dómine serio
de flacas manos y buen latín.
Hay sus lagunas.
...Cuando los toros
de las campañas, bajo los oros
que vierte el hijo de Hiperión,   10
pasan mugiendo, y en las eternas
rocas salvajes de las cavernas
esperezándose ruge el león;

cuando en las vírgenes y verdes parras
sus secas notas dan las cigarras,   15
y en los panales de Himeto deja
su rubia carga la leve abeja
que en bocas rojas chupa la miel,
junto a los mirtos, bajo los lauros,
en grupo lírico van los centauros   20
con la harmonía de su tropel.

Uno las patas rítmicas mueve,
otro alza el cuello con gallardía
como en hermoso bajorrelieve
que a golpes mágicos Scopas haría;   25
otro alza al aire las manos blancas
mientras le dora las finas ancas
con baño cálido la luz del Sol;
y otro saltando piedras y troncos
va dando alegres sus gritos roncos   30

como el ruido de un caracol.

Silencio. Señas hace ligero
el que en la tropa va delantero;
porque a un recodo de la campaña
llegan en donde Diana se baña.   35
Se oye el ruido de claras linfas
y la algazara que hacen las ninfas.
Risa de plata que el aire riega
hasta sus ávidos oídos llega;
golpes en la onda, palabras locas,   40
gritos joviales de frescas bocas,
y los ladridos de la traílla
que Diana tiene junto a la orilla
del fresco río, donde está ella
blanca y desnuda como una estrella.   45

Tanta blancura que al cisne injuria
abre los ojos de la lujuria:
sobre las márgenes y rocas áridas
vuela el enjambre de las cantáridas
con su bruñido verde metálico,   50
siempre propicias al culto fálico.
Amplias caderas, pie fino y breve,
las dos colinas de rosa y nieve...
¡Cuadro soberbio de tentación!
¡Ay del cuitado que a ver se atreve   55
lo que fue espanto para Acteón!
Cabellos rubios, mejillas tiernas,
marmóreos cuellos, rosadas piernas,
gracias ocultas del lindo coro,
en el herido cristal sonoro;   60

seno en que hiciérase sagrada copa;
tal ve en silencio la ardiente tropa.

¿Quién adelanta su firme busto?
¿Quirón experto? ¿Folo robusto?
Es el más joven y es el más bello;   65
su piel es blanca, crespo el cabello,
los cascos finos, y en la mirada
brilla del sátiro la llamarada.
En un instante, veloz y listo,
a una tan bella como Kalisto,   70
ninfa que a la lata diosa acompaña,
saca de la onda donde se baña:
la grupa vuelve, raudo galopa;
tal iba el toro raptor de Europa
con el orgullo de su conquista.   75

¿A do va Diana? Viva la vista,
la planta alada, la cabellera
mojada y suelta; terrible, fiera,
corre del monte por la extensión;
ladran sus perros enfurecidos;   80
entre sus dedos humedecidos
lleva una flecha para el ladrón.
Ya a los centauros a ver alcanza,
la cazadora; ya el dardo lanza,
y un grito se oye de hondo dolor: 85
la casta diva de la venganza
mató al raptor...
La tropa rápida se esparce huyendo,
forman los cascos sonoro estruendo.
Llegan las ninfas. Lloran. ¿Qué ven?   90

En la carrera la cazadora
con su saeta castigadora
a la robada mató también.

El reino interior

A Eugenio de Castro

El reino interior

...with Psychis my soul!
Poe

Una selva suntuosa
en el azul celeste su rudo perfil calca.
Un camino. La tierra es de color de rosa,
cual la que pinta fra Domenico Cavalca
en sus Vidas de santos. Se ven extrañas flores   5
de la flora gloriosa de los cuentos azules,
y entre las ramas encantadas, papemores
cuyo canto extasiara de amor a los bulbules.
(Papemor: ave rara. Bulbules: ruiseñores.)

Mi alma frágil se asoma a la ventana oscura   10
de la torre terrible en que ha treinta años sueña.
La gentil Primavera primavera le augura.
La vida le sonríe rosada y halagüeña.
Y ella exclama: «¡Oh fragante día! ¡Oh sublime día!
Se diría que el mundo está en flor; se diría   15
que el corazón sagrado de la tierra se mueve
con un ritmo de dicha; luz brota, gracia llueve.
¡Yo soy la prisionera que sonríe y que canta!»
Y las manos liliales agita, como infanta
real en los balcones del palacio paterno.   20

¿Qué son se escucha, son lejano, vago y tierno?
Por el lado derecho del camino, adelanta
el paso leve una adorable teoría
virginal. Siete blancas doncellas, semejantes
a siete blancas rosas de gracia y de harmonía   25

que el alba constelara de perlas y diamantes.
¡Alabastros celestes habitados por astros:
Dios se refleja en esos dulces alabastros!
Sus vestes son tejidas del lino de la Luna.
Van descalzas. Se mira que posan el pie breve   30
sobre el rosado suelo como una flor de nieve.
Y los cuellos se inclinan, imperiales, en una
manera que lo excelso pregona de su origen.
Como al compás de un verso su suave paso rigen.
Tal el divino Sandro dejara en sus figuras,   35
esos graciosos gestos en esas líneas puras.
Como a un velado son de liras y laúdes,
divinamente blancas y castas pasan esas
siete bellas princesas. Y esas bellas princesas
son las siete Virtudes.   40

Al lado izquierdo del camino y paralela-
mente, siete mancebos —oro, seda, escarlata,
armas ricas de Oriente— hermosos, parecidos
a los satanes verlenianos de Ecbatana,
vienen también. Sus labios sensuales y encendidos,   45
de efebos criminales, son cual rosas sangrientas;
sus puñales de piedras preciosas revestidos
—ojos de víboras de luces fascinantes—
al cinto penden; arden las púrpuras violentas
en los jubones; ciñen las cabezas triunfantes   50
oro y rosas; sus ojos, ya lánguidos, ya ardientes,
son dos carbunclos mágicos de fulgor sibilino,
y en sus manos de ambiguos príncipes decadentes,
relucen como gemas las uñas de oro fino.
Bellamente infernales,   55
llenan el aire de hechiceros beneficios

esos siete mancebos. Y son los siete Vicios,
los siete poderosos Pecados capitales.

Y los siete mancebos a las siete doncellas
lanzan vivas miradas de amor. Las Tentaciones   60
de sus liras melifluas arrancan vagos sones.
Las princesas prosiguen, adorables visiones
en su blancura de palomas y de estrellas.

Unos y otras se pierden por la vía de rosa,
y el alma mía queda pensativa a su paso.   65
—¡Oh!, ¿qué hay en ti, alma mía?
«¡Oh!, ¿qué hay en ti, mi pobre infanta misteriosa?
¿Acaso piensas en la blanca teoría?
¿Acaso
los brillantes mancebos te atraen, mariposa?»   70

Ella no responde.
Pensativa se aleja de la oscura ventana,
—pensativa y risueña,
de la Bella-durmiente-del-Bosque tierna hermana—
y se adormece en donde   75
hace treinta años sueña.

Y en sueño dice: «¡Oh dulces delicias de los cielos!
¡Oh tierra sonrosada que acarició mis ojos!
—¡Princesas, envolvedme con vuestros blancos velos!
—¡Príncipes, estrechadme con vuestros brazos rojos!».80

Cosas del Cid

A Francisco A. de Icaza

Cuenta Barbey, en versos que valen bien su prosa,
una hazaña del Cid, fresca como una rosa,
pura como una perla. No se oyen en la hazaña
resonar en el viento las trompetas de España,
no el azorado moro las tiendas abandona   5
al ver al Sol el alma de acero de Tizona.
Babieca descansando del huracán guerrero,
tranquilo pace, mientras el bravo caballero
sale a gozar del aire de la estación florida.
Ríe la Primavera, y el vuelo de la vida   10
abre lirios y sueños en el jardín del mundo.
Rodrigo de Vivar pasa, meditabundo,
por una senda en donde, bajo el Sol glorioso,
tendiéndole la mano, le detiene un leproso.

Frente a frente, el soberbio príncipe del estrago   15
y la victoria, joven, bello como Santiago,
y el horror animado, la viviente carroña
que infecta los suburbios de hedor y de ponzoña.

Y al Cid tiende la mano el siniestro mendigo,
y su escarcela busca y no encuentra Rodrigo.   20

—¡Oh Cid, una limosna! —dice el precito.
—¡Hermano te ofrezco la desnuda limosna de mi
mano!—
dice el Cid; y, quitando su férreo guante, extiende
la diestra al miserable, que llora y que comprende.

Tal es el sucedido que el Condestable escancia   25
como un vino precioso en su copa de Francia.
Yo agregaré este sorbo de licor castellano:
Cuando su guantelete hubo vuelto a la mano
el Cid, siguió su rumbo por la primaveral
senda. Un pájaro daba su nota de cristal   30
en un árbol. El cielo profundo desleía
un perfume de gracia en la gloria del día.
Las ermitas lanzaban en el aire sonoro
su melodiosa lluvia de tórtolas de oro;
el alma de las flores iba por los caminos   35
a unirse a la piadosa voz de los peregrinos,
y el gran Rodrigo Díaz de Vivar, satisfecho,
iba cual si llevase una estrella en el pecho.
Cuando de la campiña, aromada de esencia
sutil, salió una niña vestida de inocencia,   40
una niña que fuera una mujer, de franca
y angélica pupila, y muy dulce y muy blanca.
Una niña que fuera un hada, o que surgiera
encarnación de la divina Primavera.

Y fue al Cid y le dijo: «Alma de amor y fuego,   45
por Jimena y por Dios un regalo te entrego,
esta rosa naciente y este fresco laurel».

Y el Cid, sobre su yelmo las frescas hojas siente,
en su guante de hierro hay una flor naciente,
y en lo íntimo del alma como un dulzor de miel.   50

Dezires, layes y canciones

Dezir

(A la manera de Johan de Duenyas.)

Reina Venus, soberana
capitana
de deseos y pasiones,
en la tempestad humana
por ti mana   5
sangre de los corazones.
Una copa me dio el sino
y en ella bebí tu vino
y me embriagué de dolor,
pues me hizo experimentar   10
que en el vino del amor
hay la amargura del mar.

Di al olvido el turbulento
sentimiento,
y hallé un sátiro ladino   15
que dio a mi labio sediento
nuevo aliento,
nueva copa y nuevo vino.
Y al llegar la primavera,
en mi roja sangre fiera   20
triple llama fue encendida:
yo al flamante amor entrego
la vendimia de mi vida
bajo pámpanos de fuego.

En la fruta misteriosa,   25
ámbar, rosa,
su deseo sacia el labio,

y en viva rosa se posa,
mariposa,
beso ardiente o beso sabio.   30
¡Bien haya el sátiro griego
que me enseñó el dulce juego!

En el reino de mi aurora
no hay ayer, hoy ni mañana;
danzo las danzas de ahora 35
con la música pagana.

Finida   Bella a quien la suerte avara
                ordenara
                martirizarme a ternuras,
                dio una negra perla rara   40
                Luzbel para
                tu diadema de locuras.

Otro dezir

Ponte el traje azul que más
conviene a tu rubio encanto.
Luego, Mía, te pondrás
otro, color de amaranto,
y el que rima con tus ojos   5
y aquel de reflejos rojos
que a tu blancor sienta tanto.

En el oscuro cabello
pon las perlas que conquistas;
en el columbino cuello   10
pon el collar de amatistas,
y ajorcas en los tobillos
de topacios amarillos
y esmeraldas nunca vistas.

Un camarín te decoro   15
donde sabrás la lección
que dio a Angélica Medoro
y a Belkis dio Salomón;
arderá mi sangre loca,
y en el vaso de tu boca   20
te sorberé el corazón.

Luz de sueño, flor de mito,
tu admirable cuerpo canta
la gracia de Hermafrodito
con lo aéreo de Atalanta;   25
y de tu beldad ambigua
la evocada musa antigua

su himno de carne levanta.

Del ánfora en que está el viejo
vino anacreóntico bebe;   30
Febe arruga el entrecejo
y Juno arrugarlo debe,
mas la joven Venus ríe
y Eros su filtro deslíe
en los cálices de Hebe.   35

Lay

(A la manera de Johan de Torres.)

¿Qué pude yo hacer
para merecer
la ofrenda de ardor
de aquella mujer
a quien, como Ester,   5
maceró el Amor?

Intenso licor,
perfume y color
me hicieron sentir
su boca de flor;   10
dile el alma por
tan dulce elixir.

Canción

(A la manera de Valtierra.)

Amor tu ventana enflora
y tu amante esta mañana
preludia por ti una diana
en la lira de la Aurora.

Desnuda sale la bella,   5
y del cabello el tesoro
pone una nube de oro
en la desnudez de estrella;
y en la matutina hora
de la clara fuente mana   10
la salutación pagana
de las náyades a Flora.

En el baño al beso incita
sobre el cristal de la onda
la sonrisa de Gioconda   15
en el rostro de Afrodita;
y el cuerpo que la luz dora,
adolescente, se hermana

con las formas de Diana
la celeste cazadora.   20

Y mientras la hermosa juega
con el sonoro diamante,
más encendido que amante
el fogoso amante llega
a su divina señora.   25

Fin   Pan, de su flauta desgrana
un canto que, en la mañana,
perla a perla, ríe y llora.

Que el amor no admite cuerdas reflexiones
(A la manera de Santa Fe.)

Señora, Amor es violento,
y cuando nos transfigura
nos enciende el pensamiento
la locura.

No pidas paz a mis brazos   5
que a los tuyos tienen presos:
son de guerra mis abrazos
y son de incendio mis besos;
y sería vano intento
el tornar mi mente oscura   10
si me enciende el pensamiento
la locura.

Clara está la mente mía
de llamas de amor, señora,
como la tienda del día   15
o el palacio de la aurora.
Y al perfume de tu ungüento
te persigue mi ventura,
y me enciende el pensamiento
la locura.   20

Mi gozo tu paladar
rico panal conceptúa,
como en el santo Cantar:
Mel et lac sub lingua tua.
La delicia de tu aliento   25
en tan fino vaso apura,

y me enciende el pensamiento
la locura.

Loor

(A la manera del mismo.)

¿A qué comparar la pura
arquitectura
de tu cuerpo? ¿A una sutil
torre de oro y marfil?
¿O de Abril   5
a la loggia florecida?
Luz y vida
iluminan lo interior,
y el amor
tiene su antorcha encendida.   10

Quiera darme el garzón de Ida
la henchida
copa, y Juno la oriental
pompa del pavón real,
su cristal   15
Castalia, y yo, apolonida,
la dormida
cuerda haré cantar por la
luz que está
dentro tu cuerpo prendida.   20

La blanca pareja anida
adormecida:
aves que bajo el corpiño
ha colocado el dios niño,
rosa, armiño,   25
mi mano sabia os convida
a la vida.

Por los boscosos senderos
viene Eros
a causar la dulce herida.   30

Fin   Señora, suelta la brida
y tendida
la crin, mi corcel de fuego
va; en él llego
a tu campaña florida.   35

Copla esparça

(A la manera del mismo.)

¡La gata blanca! En el lecho
maya, se encorva, se extiende.
Un rojo rubí se enciende
sobre los globos del pecho.

Los desatados cabellos   5
la divina espalda aroman.
Bajo la camisa asoman
dos cisnes de negros cuellos.

Tornada   Princesa de mis locuras,
que tus cabellos desatas,   10
di, ¿por qué las blancas gatas
gustan de sedas oscuras?

Las ánforas de Epicuro

La espiga

Mira el signo sutil que los dedos del viento
hacen al agitar el tallo que se inclina
y se alza en una rítmica virtud de movimiento.
Con el áureo pincel de la flor de la harina

trazan sobre la tela azul del firmamento   5
el misterio inmortal de la tierra divina
y el alma de las cosas que da su sacramento
en una interminable frescura matutina.

Pues en la paz del campo la faz de Dios asoma.
De las floridas urnas místico incienso aroma   10
el vasto altar en donde triunfa la azul sonrisa;

aún verde está y cubierto de flores el madero,
bajo sus ramas llenas de amor pace el cordero
y en la espiga de oro y luz duerme la misa.

La fuente

Joven, te ofrezco el don de esta copa de plata
para que un día puedas colmar la sed ardiente,
la sed que con su fuego más que la muerte mata.
Mas debes abrevarte tan solo en una fuente,

otra agua que la suya tendrá que serte ingrata,   5
busca su oculto origen en la gruta viviente
donde la interna música de su cristal desata,
junto al árbol que llora y la roca que siente.

Guíete el misterioso eco de su murmullo,
asciende por los riscos ásperos del orgullo,   10
baja por la constancia y desciende al abismo

cuya entrada sombría guardan siete panteras:
son los Siete Pecados las siete bestias fieras.
Llena la copa y bebe: la fuente está en ti mismo.

Palabras de la satiresa

Un día oí una risa bajo la fronda espesa,
vi brotar de lo verde dos manzanas lozanas;
erectos senos eran las lozanas manzanas
del busto que bruñía de Sol la Satiresa:

era una Satiresa de mis fiestas paganas,   5
que hace brotar clavel o rosa cuando besa;
y furiosa y riente y que abrasa y que mesa,
con los labios manchados por las moras tempranas.

Tú que fuiste, me dijo, un antiguo argonauta,
alma que el Sol sonrosa y que la mar zafira,   10
sabe que está el secreto de todo ritmo y pauta

en unir carne y alma a la esfera que gira,
y amando a Pan y Apolo en la lira y la flauta,
ser en la flauta Pan, como Apolo en la lira.

La anciana

Pues la anciana me dijo: mira esta rosa seca
que encantó el aparato de su estación un día:
el tiempo que los muros altísimos derrueca
no privará este libro de su sabiduría.

En esos secos pétalos hay más filosofía   5
que la que darte pueda tu sabia biblioteca;
ella en mis labios pone la mágica armonía
con que en mi torno encarno los sueños de mi rueca.

«Sois un hada», le dije: «Soy un hada, me dijo:
y de la primavera celebro el regocijo   10
dándoles vida y vuelo a estas hojas de rosa».

Y transformose en una princesa perfumada,
y en el aire sutil, de los dedos del hada
voló la rosa seca como una mariposa.

Ama tu ritmo...

Ama tu ritmo y ritma tus acciones
bajo su ley, así como tus versos;
eres un universo de universos
y tu alma una fuente de canciones.

La celeste unidad que presupones   5
hará brotar en ti mundos diversos,
y al resonar tus números dispersos
pitagoriza en tus constelaciones.

Escucha la retórica divina
del pájaro del aire y la nocturna   10
irradiación geométrica adivina;

mata la indiferencia taciturna
y engarza perla y perla cristalina
en donde la verdad vuelca su urna.

A los poetas risueños

Anacreonte, padre de la sana alegría;
Ovidio, sacerdote de la ciencia amorosa;
Quevedo, en cuyo cáliz licor jovial rebosa;
Banville, insigne orfeo de la sacra Harmonía,

y con vosotros toda la grey hija del día,   5
a quien habla el amante corazón de la rosa,
abejas que fabrican sobre la humana prosa
en sus Himetos mágicos mieles de poesía:

Prefiero vuestra risa sonora, vuestra musa
risueña, vuestros versos perfumados de vino,   10
a los versos de sombra y a la canción confusa

que opone el numen bárbaro al resplandor latino;
y ante la fiera máscara de la fatal Medusa,
medrosa huye mi alondra de canto cristalino.

La hoja de oro

En el verde laurel que decora la frente
que besaron los sueños y pulieron las horas,
una hoja suscita como la luz naciente
en que entreabren sus ojos de fuego las auroras;

o las solares pompas, o los fastos de Oriente,   5
preseas bizantinas, diademas de Theodoras,
o la lejana Cólquida que el soñador presiente
y adonde los Jasones dirigirán las proras.

Hoja de oro rojo, mayor es tu valía,
pues para tus colores imperiales evocas   10
con el triunfo de otoño y la sangre del día,

el marfil de las frentes, la brasa de las bocas,
y la autumnal tristeza de las vírgenes locas
por la Lujuria, madre de la Melancolía.

Marina

Como al fletar mi barca con destino a Citeres
saludara a las olas, contestaron las olas
con un saludo alegre de voces de mujeres.
Y los faros celestes prendían sus farolas,
mientras temblaba el suave crepúsculo violeta.   5
«Adiós —dije—, países que me fuisteis esquivos;
adiós peñascos enemigos del poeta;
adiós costas en donde se secaron las viñas,
y cayeron los términos en los bosques de olivos.
Parto para una tierra de rosas y de niñas,   10
para una isla melodiosa
donde más de una musa me ofrecerá una rosa.»
Mi barca era la misma que condujo a Gautier
y que Verlaine un día para Chipre fletó,
y provenía de   15
el divino astillero del divino Watteau.
Y era un celeste mar de ensueño,
y la Luna empezaba en su rueca de oro
a hilar los mil hilos de su manto sedeño.
Saludaba mi paso de las brisas el coro   20
y a dos carrillos daba redondez a las velas.
En mi alma cantan celestes filomelas
cuando oí que en la playa sonaba como un grito.
Volví la vista y vi que era una ilusión
que dejara olvidada mi antiguo corazón.   25
Entonces, fijo del azur en lo infinito,
para olvidar del todo las amarguras viejas,
como Aquiles un día, me tapé las orejas.
Y les dije a las brisas: «Soplad, soplad más fuerte;
soplad hacia las costas de la isla de la Vida».   30

Y en la playa quedaba desolada y perdida
una ilusión que aullaba como un perro a la Muerte.

Syrinx / Dafne

¡Dafne, divina Dafne! Buscar quiero la leve
caña que corresponda a tus labios esquivos;
haré de ella mi flauta e inventaré motivos
que extasiarán de amor a los cisnes de nieve.

Al canto mío el tiempo parecerá más breve;   5
como Pan en el campo haré danzar los chivos;
como Orfeo tendré los leones cautivos,
y moveré el imperio de Amor que todo mueve.

Y todo será, Dafne, por la virtud secreta
que en la fibra sutil de la caña coloca   10
con la pasión del dios el sueño del poeta;

porque si de la flauta la boca mía toca
el sonoro carrizo, su misterio interpreta
y la armonía nace del beso de tu boca.

La gitanilla

A Carolus Durán

Maravillosamente danzaba. Los diamantes
negros de sus pupilas vertían su destello;
era bello su rostro, era un rostro tan bello
como el de las gitanas de don Miguel Cervantes.

Ornábase con rojos claveles detonantes   5
la redondez oscura del casco del cabello,
y la cabeza firme sobre el bronce del cuello
tenía la pátina de las horas errantes.

Las guitarras decían en sus cuerdas sonoras
las vagas aventuras y las errantes horas,   10
volaban los fandangos, daba el clavel fragancia;

la gitana, embriagada de lujuria y cariño,
sintió cómo caía dentro de su corpiño
el bello luis de oro del artista de Francia.

A Maestre Gonzalo de Berceo

Amo tu delicioso alejandrino
como el de Hugo, espíritu de España;
este vale una copa de champaña
como aquel vale «un vaso de bon vino».

Mas a uno y otro pájaro divino   5
la primitiva cárcel es extraña;
el barrote maltrata, el grillo daña,
que vuelo y libertad son su destino.

Así procuro que en la luz resalte
tu antiguo verso, cuyas alas doro   10
y hago brillar con mi moderno esmalte;

tiene la libertad con el decoro
y vuelve, como al puño el gerifalte,
trayendo del azul rimas de oro.

Alma mía

Alma mía, perdura en tu idea divina;
todo está bajo el signo de un destino supremo;
sigue en tu rumbo, sigue hasta el ocaso extremo
por el camino que hacia la Esfinge te encamina.

Corta la flor al paso, deja la dura espina;   5
en el río de oro lleva a compás el remo;
saluda el rudo arado del rudo Triptolemo,
y sigue como un dios que sus sueños destina...

Y sigue como un dios que la dicha estimula,
y mientras la retórica del pájaro te adula   10
y los astros del cielo te acompañan, y los

ramos de la Esperanza surgen primaverales,
atraviesa impertérrita por el bosque de males
sin temer las serpientes; y sigue, como un dios...

Yo persigo una forma...

Yo persigo una forma que no encuentro mi estilo,
botón de pensamiento que busca ser la rosa;
se anuncia con un beso que en mis labios se posa
al abrazo imposible de la Venus de Milo.

Adornan verdes palmas el blanco peristilo   5
los astros me han predicho la visión de la Diosa;
y en mi alma reposa la luz como reposa
el ave de la Luna sobre un lago tranquilo.

Y no hallo sino la palabra que huye,
la iniciación melódica que de la flauta fluye   10
y la barca del sueño que en el espacio boga;

y bajo la ventana de mi Bella-Durmiente,
el sollozo continuo del chorro de la fuente
y el cuello del gran cisne blanco que me interroga.

Libros a la carta

A la carta es un servicio especializado para
empresas,
librerías,
bibliotecas,
editoriales
y centros de enseñanza;
y permite confeccionar libros que, por su formato y concepción, sirven a los propósitos más específicos de estas instituciones.

Las empresas nos encargan ediciones personalizadas para marketing editorial o para regalos institucionales. Y los interesados solicitan, a título personal, ediciones antiguas, o no disponibles en el mercado; y las acompañan con notas y comentarios críticos.

Las ediciones tienen como apoyo un libro de estilo con todo tipo de referencias sobre los criterios de tratamiento tipográfico aplicados a nuestros libros que puede ser consultado en Linkgua-ediciones.com.

Linkgua edita por encargo diferentes versiones de una misma obra con distintos tratamientos ortotipográficos (actualizaciones de carácter divulgativo de un clásico, o versiones estrictamente fieles a la edición original de referencia).

Este servicio de ediciones a la carta le permitirá, si usted se dedica a la enseñanza, tener una forma de hacer pública su interpretación de un texto y, sobre una versión digitalizada «base», usted podrá introducir interpretaciones del texto fuente. Es un tópico que los profesores denuncien en clase los desmanes de una edición, o vayan comentando errores de interpretación de un texto y esta es una solución útil a esa necesidad del mundo académico.

Asimismo publicamos de manera sistemática, en un mismo catálogo, tesis doctorales y actas de congresos académicos, que son distribuidas a través de nuestra Web.

El servicio de «libros a la carta» funciona de dos formas.

1. Tenemos un fondo de libros digitalizados que usted puede personalizar en tiradas de al menos cinco ejemplares. Estas personalizaciones pueden ser de todo tipo: añadir notas de clase para uso de un grupo de estudiantes, introducir logos corporativos para uso con fines de marketing empresarial, etc. etc.

2. Buscamos libros descatalogados de otras editoriales y los reeditamos en tiradas cortas a petición de un cliente.

www.ingramcontent.com/pod-product-compliance
Lightning Source LLC
Chambersburg PA
CBHW032014170626
46807CB00006B/2809

* 9 7 8 8 4 9 8 1 6 8 5 8 7 *